पंखुड़ी की
ढाल

पंखुड़ी की ढाल

लवली गोस्वामी

वाणी प्रकाशन
प्रकाशन के उत्कृष्टतम 61 वर्ष

पेपरबैक पहला संस्करण : 2024

vaniprakashan.com

वाणी प्रकाशन

4695, 21-ए, दरियागंज, नयी दिल्ली-110 002

फ़ोन : + 91 11 23273167, 23275710

शाखाएँ

अशोक राजपथ, पटना-800 004, बिहार

कॉफ़ी हाउस कैम्पस, महात्मा गांधी मार्ग, प्रयागराज-211 001, उत्तर प्रदेश

महात्मा गांधी अन्तरराष्ट्रीय हिन्दी विश्वविद्यालय, वर्धा-442 001, महाराष्ट्र

sales@vaniprakashan.in
vaniprakashan@gmail.com

Pankhuri ki Dhal
by Lovely Goswami

ISBN : 978-93-6287-080-3

Poem Collection

मूल्य : ₹ 125

जी.एस. ऑफ़सेट, दिल्ली-110 095 में मुद्रित

वाणी प्रकाशन का लोगो मक़बूल फ़िदा हुसेन की कूची से

आमुख

इस दूसरे संग्रह में लवली गोस्वामी की कविताओं में भावात्मक ऊष्मा तो बरकरार है पर उनकी दृष्टि अब कुछ निर्णयात्मक होने लगी है।

'किताब और भगदड़ में तुम कैसे भेद करते', 'फिर भी मछलियाँ शिकारी का विलोम नहीं होतीं', 'युद्ध के रसिकों को न संन्यासी पसन्द आते हैं, न प्रेमी', 'कविता में न्याय करना आनुवंशिकता की ढिठाई है', 'दु:ख सहने के लिए होता है, हारने के लिए नहीं', 'हम किसी की भी ज़िन्दगी में दो बार तो जाते ही हैं/ एक बार सम्बन्ध की तरह, दूसरी बार सूचना की तरह' आदि उक्तियाँ उनकी दृष्टि के सयाने होने का साक्ष्य हैं।

माँ, बेटी, प्रेमी, नन्हा पौधा, पदचिह्न, लाल जूतियाँ, पंखुड़ी की ढाल, महामारी, दु:ख, विलोम, शब्दकोश आदि विषयों को समेटता हुआ, उनकी कविता का वितान विपुल और विविध है।

उसमें आत्मवेध्यता से बचा नहीं गया है और कई तरह की विडम्बनाओं का तीखा अहसास है। कविता को अपना सेतु और शब्द को अपना ईश्वर बताने वाली लवली गोस्वामी का यह नया संग्रह उनके कवि-विकास का एक नया मुक़ाम है।

यह दिलचस्प है कि उनके यहाँ सयानी नींद बीच-बीच में 'सपनों का तड़का' लगाती जाती है।

—अशोक वाजपेयी

प्रस्तावना

"जीवन के सागर में दुःख के सब भारी पत्थर डूबे
कविता की पंक्तियाँ लिखी थीं जिन पर
तैरे केवल वे ही दुःख
उन पर पैर रखकर ही पार किया मैंने अथाह जल
कविता सेतु है मेरा
मेरे ईश्वर का नाम शब्द है"

जिन कवियों की बदौलत आज हिन्दी कविता एक नयी चाल में ढली दिखती है, उनमें लवली गोस्वामी अग्रणी हैं। इन कवियों और कविताओं को पढ़कर लगता है कि हिन्दी कविता में नया भावबोध, बृहत्तर भावलोक और नयी शब्दावली आ चुकी है। यह बिना किसी उद्घोषणा के नये काव्य-संवत् का आरम्भ है। लवली गोस्वामी का यह संग्रह इसकी तस्दीक़ करता है।

ये बहुत बारीक तन्तुओं से बनी मसृण कविताएँ हैं, जो जीने के सुख-दुःख, अन्तर्द्वन्द्व और त्रास को निष्कम्प स्वर में व्यक्त करती हैं। एक साथ बाहर और आभ्यन्तर को देखती, भाषा को उकटेरती और हर स्तर पर विकल्प तथा विरोध के लिए जगह बनाती यह कविता एक ऐसी मूर्ति है, जिसकी मिट्टी भी नयी है और तराश भी और देहयष्टि भी।

"मछलियों ने पानी बीच फँसी हवा गलफड़े में भरी
बारिश में भीगते हुए मैंने
बूँदों से ख़ाली जगह में साँस खींची...
पकड़ी गयी अधिकतर मछलियों के गले में काँटे फँसे थे

अपवाद थीं वे मछलियाँ जिनके काँटे खाने वाले के
गले में फँसे"

लवली गोस्वामी की कविता में एक 'आदिम संन्यासी आत्मा' का विराग, भटकन और साथ ही बेचैन तृष्णा है जो 'कठबीज', 'अभिवादन' और 'लाल जूतियाँ' सरीखी कविता को सम्भव करती है।

"मोची हज़ार पैरों के बीच वह चाल पहचान लेता है
जिसकी चप्पल टूटी हो
तुमने मेरा टूटा हुआ मन पहचाना।"

यहाँ थिर पानी जैसा साफ़ भरोसा है; यहाँ अपमान के जवाब में मन में हमेशा दुःख है, प्रतिशोध नहीं। लवली की कविताएँ प्रगल्भ और सघन कविताएँ हैं, ठहरकर झुककर अपने पदचिह्नों को भी परखतीं, जिसका प्रमाण हैं भाषा, सृजन प्रक्रिया और शब्दों पर लिखी कविताएँ और क़ब्रिस्तान को लेकर लिखी गयी विलक्षण कविता–'मौत बेरहम है लेकिन कितनी सुघड़ है, अपने टहलने के लिए बगीचे लगा रही है।'

लवली की कविताओं में न तो खल्वाट वक्तव्य हैं, न कोई गुंजलक। ये इन्द्रियसम्मत कविताएँ हैं, समस्त इन्द्रियों के समवेत स्वर में जीवन को अंगीकार करतीं, अप्रत्याशित कविताएँ जिन्हें किसी कोष्ठक में नहीं बाँधा जा सकता। 'कड़ी धूप में विनम्र अँधेरे की तरह' और 'दूरफल' जैसे सामान्य उपस्करों से बना एक घर जिसका अन्तेवासी जानता है कि 'युद्ध के रसिकों को न संन्यासी पसन्द आते हैं न प्रेमी।'

लवली गोस्वामी का यह कविता संग्रह हिन्दी कविता के वर्तमान आयतन को प्रशस्त करता, अनागत का आभास है।

—अरुण कमल

अनुक्रम

एक डूबे हुए प्रेमी की सलाह

प्रेम में उतना डूबो,
जितना डूबती है
पानी में नाव की तली

ऐसे कि
पानी में बनता रहे रास्ता
और चलता रहे जीवन।

अपनी जगह

अपनी जगह बने रहने का
अनुशासन भी ज़रूरी है।

पूर्णविराम की फेंस तोड़कर
शब्द अगर दूसरे वाक्यों में कूद पड़ते
तो सोचो
किताब और भगदड़ में
तुम कैसे भेद करते!

इल्म

तुम्हारे ठहाके देख मुझे इल्म हुआ,
ख़ूब इस्तेमाल की हुई देह और जमकर पढ़ी गयी किताब
दोनों की ख़ुशी एक-सी होती है।

माँ के लिए-1

तुम ईश्वर का बनाया साज़ हो माँ
मैं झंकार की तरह अलग हुई तुमसे
और दुनिया में गूँजी।

साज़ का कोई महत्त्व नहीं
अगर उससे ध्वनि अलग न हो।

मत शिकायत करना उस चोट की
जिसने तुम्हें अलग किया मुझसे।

माँ के लिए-2

तुम्हारी नज़र में
मैं एक काग़ज़ी घोड़ा थी
जो जंग के मैदान में
दौड़ नहीं सकता था

मेरा सफ़र मेरी देह में
स्याही से लिखा मैंने

मीलों चली लफ़्ज़ों में
पूर्णविराम को मील का पत्थर माना
अर्द्धविरामों में विश्राम किया

याद रखना इतनी बात माँ
केवल तीर और बातें ही
उद्गम से निकलकर
वापस नहीं आ पातीं, ऐसा नहीं है

मेरे महादेश की औरतें भी कभी
लौट नहीं पातीं वहाँ
जहाँ चलना सीखती हैं।

विलोम

मछलियों ने पानी बीच फँसी हवा
गलफड़े में भरी

बौछार में भीगते हुए मैंने
बूँदों से ख़ाली जगह में साँस खींची

बारिश की बूँदें
बुलबुलों का विलोम नहीं होतीं।

एक भगौने में मछली
देर तक तैरती रही

एक पनडुब्बी के भरोसे मैंने
दरिया के पेट में पनाह ली

किसी तरह ज़िन्दा रह लेना,
मर जाने का विलोम नहीं होता।

मैंने कोमल शब्दों के बनने में
दाँतों की भूमिका तलाशी

कठोर शब्दों के बनने में
जीभ की

कोमल और कठोर का उच्चारण किया
और भाषा के धोखे पर हँसी।

पकड़ी गयी अधिकतर
मछलियों के गले में काँटे फँसे थे

अपवाद थीं वे मछलियाँ
जिनके काँटे खाने वाले के गले में फँसे

फिर भी मछलियाँ
शिकारी का विलोम नहीं होतीं।

मृत्यु से पहले

एक कथा में मैं ऐसा किरदार हूँगी
जिसे बाल सँवारने से नफ़रत है
तुम अपनी उँगलियों के पोर पर
केश–तेल की कटोरियाँ उगाना।

कड़ी धूप में चप्पल के नीचे रहने वाले
विनम्र अँधेरे की तरह
हरी पत्ती के नीचे
मासूम नींद सो रही तितली की तरह
हम कुछ वक़्त छाया और सुख में रहेंगे।

आज के बाद पूरी ज़िन्दगी
हम एक गीत गुनगुनाएँगे
जिससे सब जान जायें
यह रहस्य :
कगार पर खड़े वृक्ष हैं हम
साँझ की वेला हमारी छायाएँ आगे बढ़ेंगी
एक-दूसरे से लिपट जायेंगी

राहत की एक साँस बनकर आयेगी मृत्यु
जो कुछ हमने भोगा
हमें एक-दूसरे से हमेशा के लिए जोड़ देगा।

बेरोज़गार ईश्वर

कवि और ईश्वर में नित होड़ चलती है।
ईश्वर नये दु:ख बुनता है।
कवि उस दु:ख को उसके बराबर सुन्दरता गढ़कर जीत लेता है।
ईश्वर मुस्कुराता है और फिर नया दु:ख गढ़ देता है।

दु:ख के बिना कवि और ईश्वर दोनों बेरोज़गार हो जायेंगे।

दुनिया का शब्दकोश

जहाँ मैं पली-बढ़ी, वहाँ के मनुष्यों में अहंकार का आदिवास था
इतनी उथली थी उनकी गागर कि बात-बात में छलक जाती थी
कमज़ोर फिनाइल पी लेते
बहादुर तलवार-लाठी लेकर दूसरों को मारने निकल पड़ते।

मैं कभी इतनी बहादुर न हुई
कि मर जाने का सोचूँ
मैंने मृत्यु को तवज्जो देने लायक क्षणों में भी जीवन को चुना
मौत के क़रीब आदमी के मन में
जीवन के दृश्य होते हैं
मृत्यु के पार क्या है, कौन जानता है?

अपमान के जवाब में मन में हमेशा दुःख रहा, प्रतिशोध नहीं
यह भी सोचने की बात है कि
इस दुनिया में आत्मरक्षा के नाम पर
रिवॉल्वर का लाइसेंस ख़रीदा जाता है
बुलेटप्रूफ जैकेट नहीं
भय ने बिना शोर किये शब्द की परिभाषा बदल दी
हम कुछ न कर पाये।

कोई ग़लती इस दुनिया की बुनावट में ही है।
औज़ार गलाकर हथियार बनाने के नारे यहाँ आम हैं
लेकिन कोई नारा यह नहीं कहता कि हथियारों को गलाकर औज़ार बना लो

भाषा के मुहावरों में शौर्य और क्रोध हर जगह ओवररेटेड है
कला बेचारी प्रेम की भाँति हर जगह अपमानित
आप गला ठीक से काटना जानने को कला न कह देना
कुछ लोग प्रतिहिंसा को न्याय कह देते हैं
और प्रेम में डूबे मनुष्य को नकारा
युद्ध के रसिकों को न संन्यासी पसन्द आते हैं, न प्रेमी।

डिक्शनरी से याद आया, अक्सर मैं यह सोचती हूँ
डिक्शनरी-सी होनी चाहिए दुनिया
जहाँ हर लफ़्ज़ के लिए जगह हो
और हरेक लफ़्ज़ काम आ सके
दूसरे लफ़्ज़ के अर्थ को साफ़ करने के लिए।

दूरफल

बकरियाँ, ऊँट जितनी लम्बी होतीं
तब बेरी की झाड़ी भी खजूर के पेड़ जितनी ऊँची होती

भक्षक की क्षुधा को मात देने के लिए
उसके क़द से बड़ा होना पड़ता है

सबसे अधिक
स्त्रियाँ ही जानती हैं ये बात।

ज़िन्दा रहना जीव का सबसे बड़ा धर्म है
भले ही बढ़ते रहने के एवज़ में वह
छाया देने का वरदान खो दे

और सबकी पहुँच से दूर हो जायें
उसके फल

उत्तराधिकार

अपने तमाम बच्चों को लेकर
एक दिन ईश्वर यात्रा पर निकला।

उसकी लापरवाही से
एक बच्चा स्टेशन पर छूट गया
वह छूट गया बच्चा कवि था।

बहुत दिन बीते इस बात को
ईश्वर को ज़रा भी भान नहीं
कि कविता में न्याय करना
अनुवांशिकता की ढिठाई है।

जिजीविषा

तमाम जुगनू
एक ठण्डे सूरज की चिंगारियाँ हैं
जिसे हथौड़ा मारकर तोड़ता जा रहा है कोई
रात दर रात।

एक रात वे अपना बिखरा हुआ समुदाय एकत्र करेंगे
रोशनी जोड़कर सूरज जितना बड़ा मधुकोष बनाएँगे,
तब तक कोई कुछ भी कर ले
वे बुझेंगे नहीं।

सटीकता

गन्ध कभी धोखा नहीं देती
वह ठीक उसी चीज़ की याद दिलाती है
जिससे वह उठ रही होती है।

कुछ लोग भाषा से
दु:ख पहुँचाने के मामले में
गन्धों जैसे ही सटीक होते हैं।

नहीं

चोंच काटकर बो देने से चहचहाहट के खेत नहीं उगते
जुगनुओं को निचोड़ने से रोशनी नहीं टपकती
ओस ओढ़कर चट्टानें कोमल नहीं होतीं
उदास गीत पानी में डूबते हुए बुलबुले नहीं बनाते
कविता में पंक्तियाँ चींटियों की क़तार नहीं होतीं
इच्छा और दुःख में गहरा सम्बन्ध है, लेकिन
अनिच्छा और सुख भी कोई सहोदर नहीं होते
काग़ज़ों पर अगर नहीं लिखे जायें सुन्दर शब्द
तो वे अजीर्ण और कुपोषण से मर जाते हैं।

जड़ों के बारे में

जड़ें ही ज़िन्दा नहीं रखतीं पेड़ को
पेड़ भी जड़ों को जीवन देते हैं

बाज़ दफ़ा कट जाने के बाद शाखाएँ
नयी जड़ें उगाकर ख़ुद को बचा लेती हैं

बाज़ दफ़ा तना खोकर जड़ें पाताल के
अँधेरों में लुप्त हो जाती हैं।

जड़ें हमेशा
रोशनी के विपरीत जाती हैं।

जड़ों से जुड़े रहने की वफ़ादारी
हमेशा बड़ा नहीं बनाती

बड़ी होती है मूल से कटकर
नयी मिट्टी में पनप जाने की ज़िद।

मैं चाहती हूँ कहावत में
एक बार यह भी कहा जाये

कि जड़ों को
अपने पेड़ नहीं भूलने चाहिए।

शाखाओं को आना चाहिए
नया पेड़ हो जाने का हुनर।

कठबीज

कसैले-खट्टे आमले का *कठबीज है दिल
मरूँ तो **गाड़ना नहीं, जला देना मुझे
कसैले फलों का पेड़ किसी के काम का नहीं होता।

फीका न रह जाये इसलिए मन को
अधिक ही पका दिया मैंने

देर तक पकी चाय की तरह
तेज़ और कड़वे हो गये मन के बोल

किसी को परोसने से पहले
इसकी थोड़ी मात्रा में
बहुत सारा पानी मिलाती हूँ

त्वचा छोड़कर मेरी पलकें अक्सर
सुदूर ब्रह्माण्ड में तैरती हैं, बिना पतवार

जितनी देर प्रेमी एक-दूसरे को अपलक देखते हैं
मैं उनकी पलकें ओढ़कर सोती हूँ

देर तक देखती रही मैं अपनी हथेलियाँ
हाथों की रेखाएँ
झुर्रियाँ बनकर माथे पर उग आयीं

हीरा बनी दिल में गहरे दबी आँसू की एक बूँद
उसी के बराबर का कोई दूसरा हीरा
तराश सकेगा उसे

जीवन के सागर में दुःख के सब भारी पत्थर डूबे
कविता की पंक्तियाँ लिखी थीं जिन पर
तैरे केवल वे ही दुःख

उन पर पैर रखकर ही पार किया मैंने अथाह जल
कविता सेतु है मेरा
मेरे ईश्वर का नाम शब्द है।

---

* 'लवली' (Phyllanthus Distichus Muell.–Arg) संस्कृत साहित्य में एक लतानुमा पौधा है, जिसका ज़िक्र कवि अक्सर करते हैं। इस कविता का शीर्षक मेरे स्वयं के नाम-रूप एक लता के बीज का द्योतक है। इसके फल खट्टे–कसैले आँवले जैसे होते हैं, जिसमें औषधीय गुण होते हैं। यहाँ यह लिखना भी समीचीन है कि 'कठकरेजा' मेरी मातृभाषा 'खोरठा' का शब्द है, जिससे मैंने शीर्षक का शब्द 'कठबीज' बनाया है। कठकरेजा का अर्थ होता है ऐसा मनुष्य जिसका हृदय कठोर हो। इस आँवले का बीज भी काष्ठीय होता है।

** मैं योगियों के नाथ-सम्प्रदाय से हूँ। नाथ सम्प्रदाय में शव को समाधि दी जाती है, अन्य हिन्दू जातियों की तरह जलाया नहीं जाता। लेकिन मैं चाहती हूँ मेरे शव को जला दिया जाये। मैं अग्नि के ताप के प्रति अधिक आकर्षित हूँ, बनिस्पत पृथ्वी के अँधेरे के। मानती हूँ देह के साथ जीवन ख़त्म हो जाता है, इसलिए देह को भी ख़त्म हो जाना चाहिए। यह बस इच्छा है, कोई सम्प्रदाय या मत इससे आहत महसूस न करे। मैं सभी के मृत्यु-उपरान्त कर्मकाण्ड का सम्मान करती हूँ।

दुःख

मैंने दुःख सहे
लेकिन मैं दुःखी नहीं

दुःख सहने के लिए होता है
हारने के लिए नहीं

भूलना

मैं तुम्हारा चेहरा भूलने लगी हूँ। मुझे डर है कि एक दिन मैं तुम्हारा पूरा चेहरा भुला दूँगी। तुम्हारी आँखों के अलावा सब कुछ मुझे अजनबी लगेगा।

स्मृति में कोई चेहरा लुप्त होता है तो जैसे मकान की छत से दरक–दरक कर ढलाई के टुकड़े गिरते हैं। मेरी स्मृति एक जीर्ण-शीर्ण छत है, जिस पर समय नटखट शैतान बच्चे की तरह 'धम्म-धम्म' कूद रहा है।

अब साबुत छत की जगह मेरे दिल में ऊबड़-खाबड़ नुकीली गिट्टियाँ और उनमें धँसे रॉड हैं। ये मुझे मेरी यादों के कंकाल जैसे लगते हैं।

कुछ प्रेम

कुछ प्रेम अचानक ख़त्म हो जाते हैं
आश्चर्य करने की मोहलत दिये बग़ैर
औचक समाप्त हो जाने वाली
सड़कों की तरह।

कुछ हेयरपिन टर्न्स की तरह होते हैं
लगता है, बस ख़त्म हुआ सफ़र ,
लेकिन हर बार सड़क कलाबाज़ियाँ खाती
हँसकर आगे बढ़ जाती है।

महामारी के दिनों में

जिल्द की सबसे छोटी कहानी
कभी यह शिकायत नहीं करती
कि लम्बी कहानी ने
उसका हक़ मार लिया

ठीक ऐसे ही एक छोटी ज़िन्दगी का सत्व
सौ साल जीने वाला कोई चुरा नहीं सकता।

आज जब आने वाले दिन
काग़ज़ पर पानी लगकर
फैली स्याही जैसे हो गये हैं
कोई इबारत पढ़ी नहीं जा रही।

अगर ये जीवन के अन्तिम दिन हैं तो
तुम्हें प्यार करते हुए मरना चाहती हूँ

पीली तितलियाँ

तुमसे पहले मुझसे सिर्फ़
पीली तितलियों ने प्यार किया।
वे ही तुम्हारी एकमात्र प्रतिद्वन्द्वी हैं
मैंने कहा और हँसी।

वे मेरे फटे कुरते का हिस्सा हैं
जब मैं तुम्हें पहाड़ों, पठारों और मैदानों में
ढूँढ़ता फिर रहा था, वे चिन्दियाँ,
पौधों में फँसी रह गयी थीं।

तुम बोले और मुस्कुराये।

डाकघर

दुनिया के तमाम डाकखाने प्रेम से चलते हैं
और कचहरियाँ नफ़रत से।

कोई हैरत नहीं कि डाकघर कम हो गये
और कचहरियाँ बढ़ती चली गयीं।

हम दोनों रोज़ कम-से-कम एक चिट्ठी
तो एक-दूसरे को लिख ही सकते हैं

या फिर तुम मुझे कभी-कभी
कोई किताब भिजवाना।

एक हठयोगी की आत्मा

मेरे बेहद अन्दर एक हठयोगी की आत्मा बसती है। जब चीज़ें मेरे सम्हाले से बाहर हो जाती हैं, मैं उसे आवाज़ दे देती हूँ। मन की बर्फ़ीली वादियों से कठोर शीत, संन्यास और कष्ट के ताप में तपा आदिम और निष्ठुर मन लेकर वह हुंकार भरते हुए प्रकट होता है। मैं सब दुःख, सुख, अपमान उसके हवाले करके शान्त हो जाती हूँ। वह सबका अलाव जला देता है। राख देह पर मलकर मेरी इच्छा, संवेदना, चाहत और दुःख को समाप्त करके मुझे एक कोरा काग़ज़-सा बनाकर छोड़ जाता है।

वह मेरा सबसे अच्छा मित्र है। वह जिसने मुझे समाप्ति की महत्ता सिखाई। वह जिसने मेरे सपने तोड़े। इच्छाओं का सर्वनाश किया। ख़ुशियों का कटोरा मुझसे छीनकर फेंक दिया। दुःख के पहाड़ तले दबे मेरे मन को पाँव के एक आघात से आज़ाद कर दिया। मेरी वह आदिम संन्यासी आत्मा, जो मेरे मनुष्य होने पर भी हावी है। मैं जब उसका आवाहन करती हूँ, कहती हूँ–आओ और दुःख-सुख, इच्छा, सन्ताप, ख़ुशी, प्रेम और आशा से मुझे इसी क्षण मुक्त करो! मुझे अतीत, वर्तमान और भविष्य से मुक्त करो! आओ मैं अपनी देह का दान देती हूँ! इस देह के रहते मुझे देह से मुक्त कर दो!

उसने कभी मेरी पुकार अनसुनी नहीं की। अपनी निष्ठुरता में वह कितना दयावान है। अपनी दया में वह कितना निष्ठुर है।

बेटी के लिए

तीसरे महीने तुमने पहली बार संवाद किया
एक रात मेरे पेट में ख़ूब तितलियाँ उड़ाईं
बुलबुले बनाये।
पहली बार किसी ने भीतर से
छूकर मुझे गुदगुदाया
मैं आधी रात उठकर हँस रही थी।

तुम्हें स्वाद महसूस होने लगा
तुम लड्डू खाने की ज़िद करतीं
ज़िद पूरी होने तक ख़ूब लात–घूँसे चलाती।
नियम से रात दो बजे तक जागतीं
पूरी रात खेलकर सुबह सो जातीं।

जब तुम्हें प्यास लगती
अपनी नन्ही जीभ से तुम
गर्भाशय की अन्दरूनी दीवारें चाटती थीं

पूरी दुनिया महामारी से त्रस्त थी
हम दोनों के दिल मेरी देह में एक साथ धड़कते थे
बिना शब्द बिन आवाज़ तुम कहतीं
एक साँस के लिए भी तुम अकेली नहीं हो माँ
हर पल हम एक-दूसरे के साथ हैं।

जीवन के हर दुःख से बड़ा था
मेरे भीतर पल रहा
कुछ सेंटीमीटर का तुम्हारा नन्हा शरीर।
दुनिया का वितान
तुम्हारे तलवों से छोटा था।

मैं तुम्हें गोद में लेकर चलती हूँ
मुझे महसूस होता है घोर अँधियारे में
मैंने बाँहों में एक कन्दील थाम रखी है।

मेरी कोख से पहले
तुम मेरी इच्छाओं में आयीं।

तुम्हारे जैसा कोई

नीलाभ कहने के लिए
ज़रूरी है कि वह रंग नीला न हो
ऐसे ही लाल रंग कभी
लालिमा लिए नहीं होता

एकदम तुम्हारे जैसा कोई
कल मैंने अपने शहर में देखा
यह लिखते हुए मुझे महसूस हुआ
कि वह तुम नहीं थे।

पंखुड़ी की ढाल

ईश्वर के आँसू की दो बूँदें
आसमान से एक साथ ज़मीन पर गिरीं
इस तरह हम दोनों जनमे।
ईश्वर से हम कभी पूछ नहीं पाये कि
वे उसकी ख़ुशी के आँसू थे
या दु:ख के?

तुमने दूब की धार से काटा पत्थर
पंखुड़ी की ढाल से रोक लिए सब नश्तर
तुम्हारी आँखें जैसे मोची की आँखें थीं
मोची हज़ार पैरों के बीच वह चाल पहचान लेता है
जिसकी चप्पल टूटी हो
तुमने मेरा टूटा हुआ मन पहचाना

हममें कभी टकराव हो, तो इतना हो
जितना एक चिड़िया की उड़ान में शामिल
नज़दीक उगे दो पंखों में होता है।

एक गहरे चुम्बन के दौरान
दो प्रेमियों की जिह्वाओं में होता है

तुमसे मिलकर मैंने जाना कि
कोई घाव हमेशा घाव नहीं रहना चाहता
वह मरहम लगाने वाले की स्मृति में
बदल जाना चाहता है।

अभिवादन

उसने मुझे देखा और अभिवादन में उसकी पलकें और सिर झुका। मुझे ऐसा लगा जैसे सदियों से उसने इस पल की प्रतीक्षा की है। जैसे वह अपने मन में हजारों बार इस अभिवादन का अभ्यास कर चुका है। वह मुझे बहुत भोला-सा लगा। सुसंस्कृत प्रेमी। उसकी आँखों में इतना प्यार था जो संसार की सबसे कठोर स्त्री का मन पिघला देता। इतना संयम कि जिसने सदियों से इस प्यार को अपने अन्दर समेट रखा है। इतनी कोमलता कि मुझे एहसास हुआ मेरे पैरों के नीचे मखमल के गलीचे बिछे हैं। उसकी पलकों के उठने और झुकने के अन्तराल में दृश्य जैसे स्वप्न में बदल गया था। एक सुन्दर, प्रकाशित और सुगन्धित स्वप्न। जैसे अचानक धुन्ध छँटी हो और सूरज की रोशनी ने सभी परिन्दों को जगा दिया हो। उसकी नज़रों ने दुनिया के सबसे मधुर संगीत को जगा दिया था। मैं अपनी मुस्कुराहट के बाहरी छोरों तक मुस्कुरायी। मुझे लगा मेरी आत्मा के सबसे अन्दरूनी अँधेरे हिस्से में अभी-अभी रोशनी का एक सोता फूटा है। जो धीरे-धीरे मेरी आत्मा और फिर मेरी देह को अन्दरूनी दमक से भर रहा है। कुछ पलों में मैं पूर्ण कान्तिमय और देदीप्यमान हो गयी हूँ। यह सब बस दो पलकों के अभिवादन में झुकने के साथ शुरू हुआ।

मैं एक तवील इन्तज़ार में थी

किसी को देखकर आपको महसूस होता है कि उसके साथ आपको लम्बा जीवन बिताना है। आप ऐसे ही दुनिया से हारकर मर जाने को नहीं पैदा हुए हैं। कोई लड़ाई में आपके साथ है। कम-से-कम एक इन्सान के लिए आप कभी पराजित नहीं हैं। वह हमेशा आपके साथ रहेगा, साथ जियेगा, अनगिनत ख़ुशी-दुःख के क्षण आपके साथ बितायेगा।

यह मौत के डर को भी कम कर देनेवाली सान्त्वना है। ऐसा ही होता है प्रेम।

अगर आपके मन में एक प्रतिशत भी शंका है कि जिसे आप प्रेम करते हैं, वह आपको एक दिन छोड़ जायेगा तो यक़ीन मानिए ऐसा ही होगा। मन झूठ नहीं बोलता। ख़ुशनुमा एहसासों के लिए बोल भी दे, दुःख की पहचान और पूर्वाभास के बाबत मन कभी झूठ नहीं बोलता। इसके जवाब में डरिए मत, मन मज़बूत कर लीजिए। अगर ऐसा हो तब प्रेम को दुःखद अन्त वाली एक घटना की तरह बीत जाने दीजिए। दुःख की भव्य गरिमा के साथ। दुःखी होना कटु या निराश होना नहीं है, यह ख़ुद को समझाते रहिए। अपने साथ जीना सीख लीजिए। उस आदमी/औरत का इन्तज़ार करिए जिसे देखकर मन को भरोसा हो, थिर पानी जैसा साफ़ भरोसा कि आपकी तलाश ख़त्म हुई।

फिर उसका हाथ अपने हाथ में थामकर कहिए–तुम्हें देखकर मुझे एहसास हुआ कि मैं एक तवील इन्तज़ार में थी/था।

वह ज़रूर आपके प्यार को समझेगा। आपके इन्तज़ार को अपनायेगा।
क्योंकि ऐसा ही हमेशा होता है। क्योंकि ऐसा ही होना चाहिए।

नन्हा पौधा

खरपतवारों ने बरगद का
नन्हा पौधा ढँक लिया

उसके हिस्से की धूप निगलकर
वे सब अपनी एकता पर इतराईं

फिर उन्होंने मिलकर
पौधे की हँसी उड़ाई

अब केवल समय ही है
जो सत्य दिखायेगा
बरगद और खरपतवारों के क़द का
अन्तर सामने लायेगा।

एक पंक्ति और एक शब्द

एक पंक्ति को मैंने गुलेल के
रबड़ की तरह खींचा
एक ख़्याल उस पर रखकर
मैंने उसे अनन्त की तरफ़ उछाल दिया।

बारहमासी खेत में जैसे खोह से
खींचकर निकाली जाती हैं मछलियाँ
एक पंक्ति दबी थी मन में कहीं
अन्तिम अक्षर पकड़कर, खींचकर
निकाला मैंने पूरा ब्यौरा

एक दिन एक पंक्ति के अन्त में
मैंने एक शब्द फँसाया
उसे चारा बनाकर दिनभर उससे
दूसरी पंक्तियाँ पकड़ती रही

ऐसे ही मैंने कई साल
कई हज़ार दिन बिताये

कभी एक पंक्ति
कभी एक शब्द के साथ।

मेरी भाषा

मेरी भाषा के शब्दों को देखो
तो ऐसा लगता है कि लोगों का बढ़ता
रेला चला जा रहा है

किसी अक्षर ने दूसरे के कन्धे पर हाथ रखा हुआ है
तो कोई सर पर साफ़ा बाँधे है
किसी ने दूसरे का हाथ पकड़ रखा है
तो कोई करीने से घूँघट साधे है

कोई अक्षर दूसरे अक्षर की कमर पर
हाथ रखकर चल रहा है
तो कोई निपट अकेला जा रहा है

किसी अक्षर का पेट फूला हुआ है
तो किसी को पतले-दुबले होने का गुमान है

संयुक्त परिवार की तरह
इस भाषा में जहाँ बहुत सारे संयुक्त अक्षर हैं
वहीं अकेले का भी उतना
ही मान है

असलियत

कुछ फ़सलें जीवन में
एक बार ही फल देती हैं

जबकि दशकों तक फलने वाले सघन पेड़
अपने जीवन में
कई दफा फलते हैं

कई लताएँ भी मौसमों तक
फलती-फूलती हैं
लेकिन जीवनभर उन्हें
सहारे की ज़रूरत पड़ती है

दुनिया में सबके लिए जगह है

लेकिन फिर
अपना सत्य न समझ पाने से
दुःख उत्पन्न होता है

दूसरों की असलियत न समझ पाने से
उत्पन्न होती है ईर्ष्या।

इन्तज़ार

एक दिन सभी नक्षत्र टूटकर गिर जायेंगे
सुबह पानी भरने जाने वाली स्त्रियों के पैरों में चुभेंगे

हिमालय टूटकर सागर में घुल जायेगा
पर्वत की सारी धूल मछलियों के फेफड़ों में छनेगी

पानी में तैरती धरती को पानी निगल जायेगा
भोजन के बड़े ग्रास की तरह शहर सागर के गले में अटकेंगे

जिससे ब्रह्माण्ड बना था वह नाद
दसों दिशाओं में गूँजकर अपने कण्ठ में लौट जायेगा

लेकिन तुम्हारे लिए मेरा इन्तज़ार वहीं खड़ा रहेगा
तुम्हारे सपनों के धागे उधेड़ता-बुनता हुआ

फ़व्वारे के पानी की तरह तुम्हारी स्मृतियाँ
फेंटता-उलटता हुआ।

क़ब्रिस्तान और किसी जा चुके दोस्त के बारे में

क़ब्रिस्तानों में घूमते हुए अक्सर मुझे महसूस होता है–क्या ये कोई बागीचे हैं, जिन्हें इतनी तरतीब से सजाया गया है!

क्या हरेक ताबूत एक बीज है, जिसे इतने एहतियात से गाड़ा गया है जैसे उनसे कोई अंकुर फूटेगा। मौत बेरहम है, लेकिन कितनी सुघड़ है, अपने टहलने के लिए बागीचे लगा रही है।

ऐसे ही किसी क़ब्रिस्तान में घूमते हुए मुझे तुम याद आये और मुझे यह इल्म हुआ कि :

हम किसी की भी ज़िन्दगी से दो बार तो जाते ही हैं
एक बार सम्बन्ध की तरह, दूसरी बार सूचना की तरह।

मेरे दिन

मेरे दिन
पकी बेरियों की तरह
झाड़ से लटक रहे हैं

अगर इन्हें तोड़ा न गया तो
धूल में टपककर ये बर्बाद हो जायेंगे

मेरी आत्मा भी अब
पहले की तरह भूखी नहीं है

और अगर तुम भी साथ नहीं हो, तो
तुम्हीं बताओ, तुम्हारे बिना
इतने सारे दिनों का
मैं क्या जतन करूँ?

पदचिह्न

अतीत में घूमते हुए
अपने हर पदचिह्न पर ठहरती हूँ

सोचती हूँ इस पदचिह्न को
अगर सींचा गया होता

तो इससे यात्राओं का
एक बड़ा पेड़ फूटता।

लाल जूतियाँ

बहुत महँगी जूतियाँ ख़रीदने के लिए मेरे पास कभी पैसे नहीं रहे, लेकिन मेरे पास सुन्दर-सी लाल जूतियों का एक जोड़ा था। वे लाल जूतियाँ मेरे पैरों को दस्ताने की तरह फिट आती थीं। उन सुन्दर हलकी एड़ीवाली जूतियों से मेरे पैर प्रेम करते थे। बेटी के पैदा होने के बाद जब मैंने उन्हें पहनने की कोशिश की, मेरे पैर उसमें समाये नहीं; जबकि खुली चप्पलें ठीक ही आ रही थीं। मुझे लगा डिलीवरी के बाद पैरों में वाटर रिटेंशन और मोटापे की वजह से जूतियाँ नहीं पहन पा रही हूँ।

समय के साथ ये सब भी चले गये। पैर पतले हो गये, लेकिन लाल जूतियाँ अब भी पैरों में नहीं आ रही थीं। मैंने गूगल सर्च किया, अपने डॉक्टर से बात की, उन्होंने बताया–बच्चे के पैदा होने के बाद औरत की हड्डियाँ कई बार हमेशा के लिए फैल जाती हैं। इससे अब आपको पहले से एक या दो साइज़ बड़ी जूतियों की ज़रूरत होगी। मेरे पास अच्छी तरह फिट होने वाली कुछ और जूतियाँ थीं। लाल जूतियों के साथ उनमें से कोई मुझे फिट नहीं आयीं। अब आगे से मुझे नयी जूतियों की ज़रूरत होगी, यह सोचकर मैंने लाल जूतियाँ दान कर दीं। लेकिन फिर मैंने लाल जूते नहीं ख़रीदे। मेरा मन अब ख़रीदने का नहीं कर रहा। मुझे पुरानी जूतियाँ याद आ रही हैं।

मैं हमेशा कहती थी, "इन्सान के पास एक जोड़ी लाल जूते तो होने ही चाहिए"... अब मेरे पास लाल जूते नहीं हैं। ज़िन्दगी का कोई हिस्सा ख़ाली है।

मैं यह कहकर ख़ुद को दिलासा देती हूँ कि इस संसार में न जाने कितने ही लोगों के पैर एकदम ख़ाली हैं। मुझे इस बात का एहसास भी है कि कम-से-कम मेरे पास चप्पलें तो हैं, लेकिन अब भी मैं जहाँ लाल जूते देखती हूँ, मेरी नज़र वहाँ ठहर जाती है।

बारिश और सागर के लिए

वह ख़ुद में इतना डूबा रहता था कि उसे भिगोना बेकार था। आप सागर को नहला नहीं सकते।

उस पर बरसकर, उसे धो कर साफ़ नहीं कर सकते।

आप उस पर बरसते रहेंगे, वह अपनी लहरों से खेलता, उन्हें मोड़ता, समेटता, उछालता, ख़ुद में डूबा रहेगा।

वह न भीगकर आपकी अवमानना नहीं कर रहा होता। बस वह अपने सागर होने में कुछ अधिक ही गुम हुआ होता है।

आपके बारिश होने से अधिक।

कभी-कभी

कभी-कभी मैं सोचती हूँ
क्या है कविता

वह घाव जो आत्मा में पैबस्त है?
या वह पट्टी जो घाव पर लगी है?

या वह तिनका
जिससे घाव कुरेदती हूँ?

घूँट

मैंने तुम्हें पाने की इच्छा की
मेरी इच्छा पूरी हुई।

ठीक उस इच्छा की तरह
जो ईश्वर ने दुनिया बनाने के लिए की थी।

इस एक क्षण मैंने सोचा
मैंने अब से पहले कभी कोई इच्छा क्यों नहीं की
क्यों आजीवन मैं इच्छाहीन रही

क्यों मैंने पहले नहीं जाना कि
नदी का सत्य समुद्र नहीं, घूँट है।

किताबों की अलमारी

पहली बार मेरी किताबों की अलमारी
किसी और ने साफ़ की

मैं गर्भवती थी
और नहीं चाहती थी कि
पुरानी धूल से मुझे नज़ला हो जाये

फिर मैं आधे घण्टे तक अकेले बैठकर
कुढ़ती रही।

क्यों?

क्योंकि मुझे ऐसा महसूस हुआ
जैसे किसी ने मेरे सामने
मेरे प्रेमी को चूम लिया हो।

पीठ पर उगा मस्सा

नन्ही-सी बेटी खेल-खेल में
पीठ पर उगा मस्सा उँगलियों से नोच लेती
मैं दर्द से तड़प जाती थी।

मैंने डॉक्टर से बात की
डॉक्टर ने मस्से को निकालने की सलाह दी
माँ को भी ठीक वहीं मस्सा है।

डॉक्टर के अनेस्थीसिया लगाने के बाद
मेरा मन भारी होने लगा
ठीक अन्तिम समय में
मैं उसे निकलवाने से मुकर गयी।

गिनी-चुनी चीज़ों में से एक है वह मस्सा
जो मुझे विरासत में मिला
मैं इसे गँवाना नहीं चाहती थी

जब जीवन में कोई दूर हो जाये
हम अलग-अलग तरीक़ों से उसकी
जगह को भरते हैं

जब नानी नहीं रही
मुझे अचानक से सरसों का साग प्रिय हो गया
जबकि यह मुझे कभी ख़ास अच्छा नहीं लगता था

जिन दिनों मैंने
पीठ का मस्सा निकलवाना रुकवा दिया
उन दिनों माँ मुझसे दूर हो गयी थी।

नवम्बर की साँझ

अलाव एक मनोरंजक कवि है
जो नवम्बर की साँझ
झुण्ड के बीच बैठकर
सबको कविता सुनाता है।

दिलचस्प है अलाव की बतकही
पूरी सर्दियाँ कोई उसे अकेला नहीं छोड़ता।

अपनी राख की मोटी परत ओढ़कर
वह जब सो जाता है
लोग तब भी उसकी राख-रज़ाई कुरेदकर
उससे बातें सुनना चाहते हैं।

उसे कुरेदो, तो वह भड़कता है
नींद में लाल अंगारों-से शब्द बोलकर
बड़बड़ाता हुआ वापस सो जाता है।

नवम्बर की साँझ जलता हुआ अलाव
एक उदास हँसी हँसता है
पतझड़ मौसमों की भाषा में पीड़ा का अनुवाद है
जलते हुए हँसकर अलाव यह बात
बार-बार दोहराता है।

सपनों का तड़का

बिस्तर एक तवा है
नींद हमें तवे पर उलट-पुलटकर
पका रही है
जिससे दिन हमें खा सके

सयानी नींद बीच-बीच में
सपनों का तड़का लगाती जाती है

वह जानती है कि
सपने लगे इन्सान
दिन को अधिक स्वादिष्ट लगते हैं

वे लोग

कली को ज़िरह-बख़्तर पहनाते हैं
अण्डे को कंकाल की अनुपस्थिति के लिए
ज़लील करते हैं

लोग भेद नहीं देखते कि
साज़ पर लगा आवरण
संगीत बचाता है
तलवार पर आवरण लगाते हैं
कि लोग उससे बचे रहें।

वे बहते लावे को दिखाकर कहते हैं कि
पत्थर को सिर्फ़ बहना आता है
बर्फ़ दिखाकर कहते हैं
कठोर रहना पानी का स्वभाव है

फिर वे मुस्कुराकर कहते हैं
हमने सबको मौक़े दिये, सबके गुण पहचाने,
आख़िर हमें सबसे बराबरी का व्यवहार करना था!

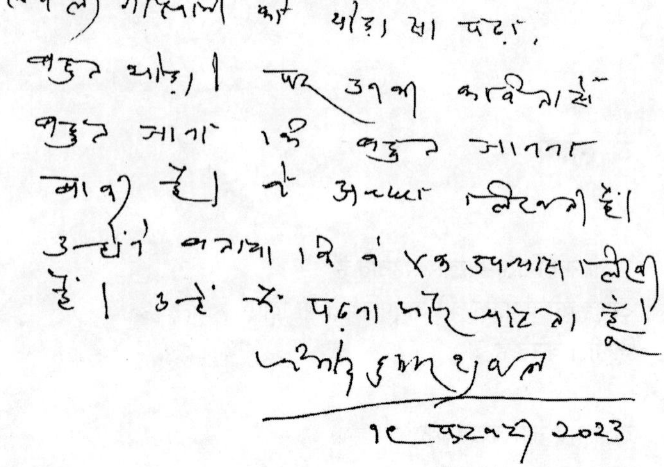
लवली गोस्वामी को थोड़ा सा पढ़ा,
बहुत थोड़ा। पर उनकी कविताएँ
बहुत अच्छी हैं बहुत अच्छा
लगती है। वे अच्छा लिखती हैं।
उन्होंने बताया कि वे एक उपन्यास लिखी
हैं। उन्हें मैं पढ़ना चाहता हूँ।
विनोद कुमार शुक्ल
19 फरवरी 2023

विनोद कुमार शुक्ल का मेरी कविताओं पर हस्तलिखित नोट।
19 फ़रवरी 2023, रायपुर।

❑❑